# DISCOURS

PRONONCÉ

## AUX OBSÈQUES DE M. GUSTAVE MORIN

PAR

## M. Julien FÉLIX

Secrétaire
de l'Académie des Sciences, Belles-Lettres et Arts de Rouen

ROUEN

IMPRIMERIE DE ESPÉRANCE CAGNIARD
rue Jeanne-d'Arc, 88

—

1886

# DISCOURS

PRONONCÉ AUX OBSÈQUES DE M. GUSTAVE MORIN

Par M. Julien FÉLIX

---

Messieurs,

Quelle que soit la durée que Dieu ait impartie à des jours remplis par ces nobles manifestations de la pensée qui élèvent l'âme et fécondent le progrès artistique, l'homme dont l'existence s'est vouée à une tâche si utile laisse, en disparaissant, le sentiment d'un profond regret ; mais, en même temps, par une compensation dont la Providence nous réserve le doux et mystérieux secours, nous puisons une puissante consolation dans l'hommage rendu à une mémoire honorée et dans le souvenir persistant attaché aux œuvres accomplies au cours de ces carrières laborieuses qui connaissent le repos en arrivant seulement à la dernière étape où nous accompagnons aujourd'hui un confrère aimé et respecté. Ce témoignage, mérité par le travail persévérant, l'aménité et la franchise du caractère, la distinction du talent, la dignité d'une vie qui s'est écoulée sous les yeux de ses concitoyens, n'est-il pas dû à M. Morin, que tant de titres recommandaient aux sympathies privées comme à l'estime publique ?

Des voix plus autorisées diront par quelles qualités rares l'artiste rouennais avait su, à Paris aussi bien que dans sa ville natale, conquérir sa place (et ce n'était pas la dernière) dans ce domaine si vaste et d'un accès pourtant si difficile, où la notoriété vient récompenser d'heureux efforts par une consécration légitime. Je n'ai maintenant qu'à rappeler l'impression générale qui arrêtait autour des petites toiles signées de son nom, désormais connu, un public sans cesse renouvelé qui goûtait, sans discuter son plaisir, le charme de détails piquants et l'agrément d'une exécution aussi soigneuse qu'habile. Dessinant, en effet, avec une précision dont l'exactitude ignorait la sécheresse, employant la finesse d'un pinceau toujours élégant à parer d'un coloris harmonieux les sujets créés par une imagination dont la vivacité se soumettait cependant aux exigences d'une composition savamment étudiée, quelquefois recherché et jamais prétentieux, se laissant même à l'occasion tenter par ces essais hardis dont la réussite ouvre des voies nouvelles et que nos contemporains trouveraient timides, ce représentant consciencieux d'une école qui a jeté quelque éclat sur la première moitié de ce siècle a traduit ses inspirations délicates et spirituelles en des scènes pittoresques qui, excitant souvent l'émotion, provoquant toujours l'intérêt, gardent l'empreinte personnelle et originale des œuvres destinées à ne point périr.

A côté du peintre dont les succès étaient attestés en 1863 par sa nomination dans la Légion d'honneur, qui pourrait oublier le directeur de l'Ecole de peinture de cette ville? Dès 1836, à l'âge de 27 ans, M. Morin (né à

Rouen le 8 avril 1809) était, à la suite d'un brillant concours, appelé à remplir ces fonctions dont il a supporté la responsabilité pendant 47 années. Eléve d'un maître aussi renommé par la solidité de son enseignement que par le mérite de ses tableaux, ayant fait ce double apprentissage du peintre et du professeur dans l'atelier de Léon Coignet, il était préparé, malgré sa jeunesse, à l'accomplissement de cette mission de confiance. S'il en fût digne, qu'elles le disent, ces générations qui se sont succédé, avides de ses leçons, enrichies de ses conseils ! Qu'ils proclament les services rendus à nos industries, ces ouvriers intelligents. ces employés adroits auxquels son initiative a ouvert des horizons nouveaux et dont il a amélioré le bien-être et perfectionné l'éducation, en créant les cours où ils reçoivent les notions de dessin utiles à la spécialité de leurs travaux ! et que leur cortège, formé par la reconnaissance, ouvre ses rangs aux artistes élevés par le continuateur des Descamps, et qui prouvent par leur fidélité à un pieux souvenir comme par leurs talents ce qu'ils doivent à ses soins paternels, ce qu'ils ont acquis au contact de son esprit éclairé et bienveillant !

En 1865, M. Morin succédait à Court comme conservateur du Musée de peinture, et il continuait dans ce poste nouveau les traditions qui avaient rendu son nom respectable à ceux qui aiment comme à ceux qui pratiquent les arts.

Longtemps auparavant, en 1841, il était entré à l'Académie de Rouen, signalant sa réception par une étude sur la peinture depuis son origine jusqu'à nos jours, suivie bientôt d'une notice étendue sur la fondation et le développement de l'école de peinture de cette ville. Là se bornèrent les communications écrites de notre confrère : l'atelier n'est-il pas le véritable cabinet du peintre et le chevalet ne remplace-t-il pas avec avantage pour tous comme pour lui la table de l'écrivain? Nous le comprenions ainsi, et l'activité de l'artiste nous dédommageait du silence de l'académicien. Assidu néanmoins à nos séances, il prêtait une sérieuse attention aux travaux de notre Compagnie, il prenait part aux discussions engagées sur des questions familières à ses goûts et depuis la date funeste de 1874, il semblait même chercher à opérer par ces relations affectueuses une diversion momentanée à la douleur causée par la perte prématurée d'une fille, M<sup>me</sup> Parmentier, dont le talent aimable et les succès parisiens emplissaient naguères son cœur paternel d'un joyeux orgueil.

Le chagrin et la maladie l'éloignèrent en 1880, bien que l'honorariat le rattachât toujours à nous ; mais dans la retraite qu'il s'était imposée, le travailleur infatigable ne se reposait pas : presque jusqu'à sa fin, sa main vaillante a tenu sans défaillance le pinceau, et la mort seule a pu vaincre la robuste énergie du septuagénaire. Alors, ferme et résigné, soutenu dans ses souffrances par la patience et le dévouement inépuisables d'une fille qui pour la première fois se trouve séparée de lui, il s'est endormi le 15 février 1886 dans le calme d'une conscience sans reproche, fortifié contre la suprême épreuve par les secours de la religion, et rasérénant son courage à l'idée que, dans ce redoutable passage, sa foi était guidée par la main charitable d'un ami et que les prières qui recommandaient son âme au Créateur étaient dites par le prêtre respecté et le confrère excellent que l'Académie s'honore d'avoir placé à sa tête. Travailler, aimer le beau, pratiquer le bien : lorsque, comme M. Morin, on a donné l'exemple d'une vie consacrée à l'accomplissement de tels devoirs, l'on est prêt à descendre sans trouble au tombeau, avec la certitude d'être regretté dans ce monde et l'espoir d'être pardonné dans l'autre.

Au nom de l'Académie des sciences, belles-lettres et arts de Rouen, cher confrère, adieu.